キャリア教育に活きる！

仕事ファイル

センパイに聞く

**4**

ショップの仕事

雑貨店店長
アパレルショップ店長
百貨店バイヤー
オンラインモール運営
園芸店店長
書店員

# ④ ショップの仕事

## Contents

**File No.19**
### 雑貨店店長 ………………………… 04
森 みさ さん／ハンドメイドと雑貨のお店 mini*

**File No.20**
### アパレルショップ店長 ……… 10
新井香緒 さん／GU

**File No.21**
### 百貨店バイヤー ………………… 16
本田彩夏 さん／三越伊勢丹

**File No.22**
### オンラインモール運営 …… 22
片山祐輔 さん／Yahoo! JAPAN

キャリア教育に活きる！ 仕事ファイル

File No.23
# 園芸店店長 ……… 28
佐藤健太（さとうけんた）さん／プロトリーフ ガーデンアイランド

File No.24
# 書店員 ……… 34
森山千春（もりやまちはる）さん／紀伊國屋書店（きのくにやしょてん）

仕事のつながりがわかる
## ショップの仕事 関連マップ ……… 40

これからのキャリア教育に必要な視点（してん）4
## 起業で未来を切りひらこう ……… 42

## さくいん ……… 44

※この本に掲載（けいさい）している情報（じょうほう）は、2017年4月現在（げんざい）のものです。

File No.19

# 雑貨店店長
### Variety Store Manager

ハンドメイドと
雑貨のお店 mini*
森 みささん
29歳

お客さまが
楽しさに出会う
お店をつくりたい

アクセサリーやバッグ、文具など、個性的でぬくもりのあるハンドメイド（手づくり）にこだわった雑貨店 mini*。自身もハンドメイドのアクセサリー作家として活躍している、店長の森みささんにお話をうかがいました。

## Q 雑貨店店長としてどんな仕事をしていますか？

まず商品となるハンドメイドの雑貨を仕入れて、商品をきれいにディスプレイします。開店したらおもに接客やレジ打ちを行います。わたしひとりの店なので、店に関することは、基本的に自分ひとりでやっています。店のブログの更新も、大切な仕事ですね。ほかに帳簿※をつける仕事やチラシの制作がありますが、そこはひとりではどうしても手がまわらず、母に手伝ってもらっています。

店の商品の7～8割は、ハンドメイド作家の作品です。作品の質、店の雰囲気に合うかなどをよく考えて選んでいます。わたし自身のハンドメイドアクセサリーも置いています。あとは、雑貨メーカーから仕入れた商品です。

## Q どんなところがやりがいなのですか？

お客さまがハンドメイド雑貨に出会う場所をつくること、これがいちばんのやりがいです。

ハンドメイド作家が心をこめてつくった作品がお客さまに気に入ってもらえたときは、作品を選んだわたしもうれしいですし、作家も喜んでくれます。

また、ハンドメイド作家は主婦が多いのですが、彼女たちが作品を発表する場所、作品を認められて自信をもてるような機会を提供できていることも、やりがいです。

ひとりでお店をやっていると、自分の思いどおりに店づくりができるところがいいですね。「こうしたい！」と思ったら、だれに気をつかうこともなく、すぐに実行に移せます。

商品の周囲にあるかざりつけの小物などは、森さんが少しずつ買い集めたもの。「お客さんが見ていてあきないディスプレイを心がけています」

開店するときは、シャッターを開け、看板を出す。目立つように店の前と、通りの角に案内看板を置いている。

## 森さんの1日

10:30　家から歩いてお店へ。
　　　　開店の準備をする
11:00　開店
12:00　店番も自分ひとりでやっているので、
　　　　閉店まで休み時間などはない。
　　　　お客さんがいない時間に、
　　　　お昼を食べたりトイレに行ったりする
19:00　閉店（3～10月は20:00）
19:30　帰宅

**用語** ※帳簿⇒取り引きを記録するもののこと。仕入れにかかった金額や、売り上げなどをまとめる。

透明なレジンの中に本物のドライフラワーを閉じこめた森さんの作品。「同じものは、ひとつもありません。ひとつひとつ心をこめてつくっています」

## Q 仕事をする上で、大事にしていることは何ですか？

人とのつながりを大切にすることと、感謝の気持ちを忘れないことです。笑顔で心をこめて接客するのはもちろんのこと、ハンドメイド作家たちとも、こまめにコミュニケーションを取るように心がけています。

今はインターネットで、気軽にハンドメイドの雑貨を買うことができます。そんななか、わたしのお店に足を運んでくれるお客さまや、大切な作品の販売をまかせてくれる作家には、感謝の気持ちでいっぱいです。

## Q なぜ、雑貨店を開こうと思ったのですか？

もともとはアパレルショップの店員になりたかったので、大学2年生のときにアパレルショップでアルバイトを始め、そのままそこに就職しました。実際に働いてみると、「もっとこんなふうにできたらいいのに」と思うことがよくあり、だんだん「自分のお店をもちたい！」と思うようになっていきました。また、そのころ、自分でつくったバレッタ（髪かざり）をしていたら、お客さまに「どこで買ったのですか？」とたずねられて、すごくうれしかったんですよね。

趣味でつくっていたものでしたが、だれかにほめられると、自信や生きがいになると感じました。これがわたしがハンドメイド作家になったきっかけです。そして、ほかの作家もきっとそんな機会があれば、うれしいだろうと思ったんです。だから、ハンドメイド雑貨の雑貨店をつくりました。

## Q お店を開くまでに、どんなことがありましたか？

2011年の秋から、レジンという透明で粘り気のある素材とドライフラワーを使った作品をつくり始め、「m.i*n.i*」というブランドを立ちあげて、フリーマーケットやインターネットで販売するようになりました。

そして、作品を制作・販売するかたわら、お店を開く場所を地元の大宮（埼玉県さいたま市）で探しました。さらに2年後の冬、わたしがねらっていた場所が空いたので、2015年春に「ハンドメイドと雑貨のお店mini*」をオープンさせることができたのです。

## Q 仕事をする上で、むずかしいと感じる部分はどこですか？

店長としての仕事と、ハンドメイド作家としての仕事のバランスを取るのがむずかしいですね。

お店では、接客はもちろん、ほかにもメーカーから商品を仕入れたり、ハンドメイド作家に連絡を取ったりしなくてはいけません。でも、たいていはひとりで店番をするので、いそがしい日は食事をするひまさえないこともあります。

また、自分の作品を売りたくて始めたお店ですから、作品の制作時間をしっかり確保したいのですが、なかなか時間が取れません。今は、お店の定休日に集中して制作し、どうにか時間をやりくりしている状態ですね。

## PICKUP ITEM

レジンは、UVライトに当てると、短時間で固まる。固まったレジンに、電動ドリルで穴をあけ、手芸用ニッパーなどを使って金具を取りつける。

・UVライト

・電動ドリル
・手芸用ニッパー

## Q これからどんな仕事をしていきたいですか？

ハンドメイドの本にわたしの作品が紹介されたり、イベントに呼ばれたりすることが増えてきています。これがずっと続くように、よい作品をどんどんつくっていきたいですね。

それから、大好きな地元の大宮が、「かわいい雑貨屋さんが充実している街」と言われるようにしたいです。わたしのお店がその発信地になることができたら、すてきだと思っています。

ショッピングモールなどの大きな商業施設に、mini*の支店を出すことも夢ですね。そのためにも、お客さまひとりひとりが笑顔になれるように真心をこめて接し、ていねいな作品づくりをしていきたいです。

## Q ふだんの生活で気をつけていることはありますか？

ふだんから、買い物に行ったら、どんなファッションが流行しているか、新しいディスプレイのアイデアはないかなどをチェックしています。自分のお店に置くものやディスプレイを決めるときの参考にするためです。

それから、どんなにいそがしくても、楽しんだり、感動したりする気持ちを忘れないようにしています。きれいな景色を見にいったり、すてきな絵を観にいったりすると、すごく心が動かされて、前向きな気持ちになるんです。

夕焼け空を見て「この空の色のグラデーションは、作品に取りいれられそう」と作品にいい影響が出ることもあります。

接客の合間に、タブレットやスマートフォンでハンドメイド作家の人たちと連絡を取りあう。ブログの更新もタブレットで。

## 雑貨店店長になるには……

自分の店をもつためには、だれにどんな商品を売るのか、どんなお店にしたいのかを具体的に考えておくことが大切です。また、開業のための資金も必要です。

専門学校や大学で、経営、経理、マーケティング※などについて学ぶこともできます。とくに必要な資格はありませんが、実際に雑貨店で働いて、経験を積んでおくとよいでしょう。

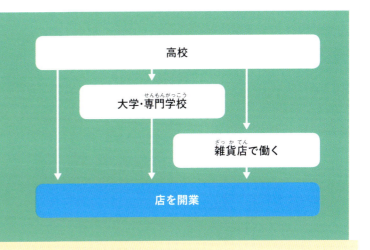

※ この本では、大学に短期大学もふくめています。

**用語** ※ マーケティング⇒お客さんの求めている商品やサービスを調査し、商品づくりや販売の方法を工夫すること。

## Q 雑貨店の店長になるにはどんな力が必要ですか？

相手の気持ちをくみとる洞察力と、思いやる心が必要だと思います。

それから、だれかを楽しませたいというサービス精神もあるといいですね。自分が主役になるのではなく、相手に喜んでもらうために自分は何をすればいいかということをいつも考えられる人は、雑貨店の店長に向いていると思います。

例えば、お店でお客さまに接する場合、お客さまの気持ちを考えずに親切や優しさを押しつけてはいけません。その人は今、そっとしておいてほしいのか、それとも何かアドバイスをほしがっているのかを、ちょっとした仕草や表情から読みとります。

もしそっとしておいてほしいようなら、少しはなれて、お客さまから話しかけてくれるのを待ちます。社交的でおしゃべり上手であることも大事ですが、それ以上に洞察力と気づかいが大事なんです。

思い出のクラリネットを手に、「部活でみんなが楽しく過ごせるように工夫した経験は今も活きています」と話す森さん。

### 森さんの夢ルート

**小学校 ▶ 和菓子職人など**
なりたいと思う職業がたくさんあったが、どれも何かをつくる仕事だった。

▼

**中学校・高校 ▶ アパレル店員**
地元にあったアパレルショップの店員にあこがれていた。アパレル店員として働くときに役立つと思い、簿記やパソコンについて学べる情報進学コースがある高校に進学した。

▼

**大学 ▶ アパレル店員 → 自分の店をもつ**
アパレル店員のアルバイトを始め、そのまま就職。店員として働くうちに、いつか自分の店をもちたいと思うようになった。

## Q どんな子ども時代を過ごしましたか？

物心ついたときから、何かを手づくりすることが大好きでした。手を動かすのが楽しくて、折り紙でとても小さな鶴を折ったり、祖母に編み物や裁縫を教わったりしていました。

中学校では、当時のドラマの影響を受けて、吹奏楽部に入部しました。入ったときはクラリネットの初心者だったのですが、2年生になったときにはパートリーダーとして5〜6人の部員をまとめていました。パートのメンバーの気持ちをまとめるため、自主的に『クラリネットだより』という新聞もつくっていたんですよ。

そのころから、文房具や洋服、雑貨などのお店を見てまわったり、買い物したりすることが大好きでした。

考えてみると、中学時代に好きだったことはみんな今やっていることとつながっていますね。

森さんが小学校のころに折った鶴。このころから手先がとても器用だった。

## Q 中学のときの職場体験は、どこに行きましたか？

地元のスーパーの青果売り場に行きました。スーパーを選んだのは、買い物が好きだったのと、生活にいちばん身近なものについて知りたいと思ったからです。

売り場に商品をならべたり、ピーマンの袋づめをしたり、野菜の入った箱を運んだりなどの、お手伝いをしました。最後にお店の人が、糖度計でラ・フランスという西洋ナシの糖分を測るところを見せてくれて、ごほうびに食べさせてくれたのがうれしかったですね。

それまでは、ただお店に行って買うだけでしたが、お店に商品がならぶまでには、いろいろな準備があるということを知ったのは、貴重な体験でした。また、働くことに対しては、大変というよりはおもしろいと感じました。

## Q この仕事をめざすなら、今、何をすればいいですか？

やりたいことがあるときは、宣言してしまうといいですよ。「わたしは将来、雑貨店の店長になる」とまわりに言ってしまいましょう。あなたが本気だということが伝われば、応援してもらえたり、情報を教えてもらえたりするようになります。

よく「わたしなんか……」と言う人もいますが、そんなことは言わずに、興味があったらどんどん挑戦していきましょう。やってみた経験は、けっしてむだにはならないと思います。

もちろん、専門知識は大事ですが、それは絶対ではありません。わたしも大学でマーケティングを学びました。でも、それ以上に今役立っているのは、中学時代から身につけてきた、人と接する力の方なんですよ。

子どものころから相手の気持ちを考えるタイプだった森さん（写真中央）は、中学時代によく友だちの悩みの相談にのっていた。

自分のお店でお客さまに笑顔になってもらいたい

---

## － 今できること －

**ふだんの暮らし**
雑貨店の店長になるためには、どんなお店にするかをしっかり考えなければいけません。今から、自分の好きなことや自分の得意なことは何かを見極めておきましょう。

また、少しでも興味をもったことについては、調べてみたり挑戦してみたりする積極性が必要です。ほかに、店を経営するためには、世の中でどんなものが求められているかをキャッチする力も必要です。ニュースなどに積極的にふれる習慣を身につけておきましょう。

**国語** チラシやブログで店の情報を発信するには、表現力が必要です。いろいろな文章を読んだり、書いたりして読み手に伝える力をつけましょう。

**社会** いい商品を仕入れるためには、世の中の動きや景気を見極めることが必要です。公民の基礎知識を身につけておきましょう。

**数学** 店を経営するのに数学の知識は欠かせません。しっかり勉強しておきましょう。

**美術** 商品を選んだり、ディスプレイしたりするときには、センスが必要です。色彩感覚やバランス感覚をみがいておきましょう。

File No.20

# アパレルショップ店長
## Clothing Store Manager

GU
新井香緒さん
入社3年目 25歳

毎日、大好きな服を着て働けるのが楽しいんです

洋服がずらりとならぶアパレルショップ。商品を管理し、スタッフを率いて店をまとめるのが、店長の仕事です。子どもからおとなまで大人気のファッションブランド・GUで、店長をつとめる新井香緒さんにお話をうかがいました。

## Q アパレルショップの店長とはどんな仕事ですか？

アパレルショップの店長は、店のまとめ役で、店に関するすべての責任を負います。

店長の仕事はたくさんあります。まずは、お客さまが買い物がしやすいように、ディスプレイを考えます。また、商品にはさまざまなサイズや色があるので、つねに店頭にそろうように在庫管理をします。それから、スタッフのスケジュールを管理して、お店の営業に必要な人数をそろえることも大切です。ほかに、店の売り上げやスタッフのお給料の計算なども店長の仕事です。

営業中は、お客さまと直接ふれあうことよりも、店全体のようすを見て、スタッフに指示を出すことが多いです。問題点を見つけたら、すぐにスタッフに指摘して、解決します。

スタッフから、お客さんのようすや売れている商品について、情報を聞く。

お客さんが入りやすく、商品を手に取りやすい売り場にするために、店内をいつもチェック。

## Q 仕事をする上で、大事にしていることは何ですか？

お客さまにとって魅力的な売り場をつくるように、日々心がけています。

わたしたちの店がある桜木町（神奈川県横浜市）は、流行に敏感な若い人たちがたくさん集まる地域です。店に来るお客さまもそのような方が多いので、季節を先取りした商品をかざると、注目してくれるんです。だから、冬でもセーターやブーツだけでなく、春に人気が出そうな商品を目立つ場所にディスプレイするなど、いろいろ工夫しています。

## Q どんなところがやりがいなのですか？

店では売り上げの目標を決めているんですが、スタッフと協力して達成できたときは、本当にうれしいです。

売り上げをのばすには、人気が出そうな商品はどれか予測し、前もって多めに在庫を確保する必要があります。反対に、売れ行きに不安がある商品は、在庫の数を少なめにしないといけません。その判断をするために、お客さまがよく試着する商品はどれかなど、スタッフと細かく情報を交換しあっています。

### 新井さんの1日

- 07:50 出社。スタッフより早く行って、鍵を開ける
- 08:00 開店準備。スタッフがそうじをしている間、在庫をチェック。売り場がきれいに整っているかを確認する
- 11:00 開店後は、店の裏の事務所で売り上げやスタッフの給料の計算。ときどき店内で接客を行う
- 17:00 店長代理に仕事を引きついで、退社

## Q なぜアパレル店員をめざしたのですか？

毎日大好きなおしゃれをして働けるのがいいなと思って、就職しました。

あと、わたしは小学生のときから英会話が好きで、英語を活かせる仕事に就きたかったんです。大学生のときは、通訳になりたいと思っていたこともありました。

その点において、GUは海外にもお店があって、外国のお客さまにも人気のファッションブランドです。ファッションにたずさわりながら英語が使えるというのは、わたしにとって、とても魅力的だったんです。

## Q 今までにどんな仕事をしましたか？

GUに就職して半年間は、ショップ店員としての基礎を教わりました。それから店長になるための試験を受けて合格し、茨城県にある店をまかされたんです。

そこはスタッフの少ないお店だったので、とても大変でしたね。最初は、新人店長のわたしを、スタッフは、それほど信頼していなかったかもしれません。

でも、店長の仕事をしながら、ほかのスタッフといっしょに接客をしたり、ミシンで裾上げをしたりしているうちに、スタッフと心が通じ、みんな一丸となっていきました。

新人店長で、まだコツもわかっていなくて、目標の売り上げに届かない時期が続きました。だから、そのお店で売り上げ目標を達成したときの感動は、今でも覚えています。

「商品の数をまめにチェックして、足りないものがないようにするのが売り上げをのばすコツ」と話す新井さん。

お客さんに質問されたことにはすぐ答えられるよう、それぞれの商品の特徴は頭に入れてある。

## Q 仕事をする上で、むずかしいと感じる部分はどこですか？

スタッフひとりひとりを、一人前の販売員に育てることです。それが店長としての責任です。

現在、約60人のスタッフの指導をしていますが、年齢はバラバラで、アルバイトの人もいれば、社員もいます。今後、どう働いていきたいかという目標も、それぞれちがうんです。

そこで、みんなに目的をもって働いてもらうために、それぞれがスタッフとして今後どうなっていきたいかというキャリアプラン（計画）を立ててもらいます。

わたしは、ひとりひとりにアドバイスをしたり、いっしょにプランを考えたりしています。考え方や個性がちがうことを理解した上で、それぞれにぴったりなプランを考えるのは大変ですね。

## Q ふだんの生活で気をつけていることはありますか？

ファッション誌は1か月に何冊も読んでいますね。雑誌を見ながら、流行しているアイテムや着こなし方を、日々勉強しているんです。お店であつかっている商品を、わたしたち販売員はかっこよく着こなせないといけません。お客さまがわたしたちの着こなしを参考にして、買ってくれることもありますから。

それから、感謝の気持ちを言葉でしっかり伝えるように、ふだんの生活でも意識しています。職場で同じようにできたら、いっしょに働くスタッフや、お店に来てくれるお客さま、みんながよい気持ちでいられると思うんです。

## Q これからどんな仕事をしていきたいですか？

まずは、スタッフ全員から信頼される店長になるのが目標です。店長になったばかりのころ、自分よりも年上のスタッフに遠慮して、うまく指示を出せないこともありました。でも、1年半の間、店長として経験を積んで、最近は自信がついてきたんですよ。

わたしが身につけてきた知識や経験など、失敗したこともふくめて、教えられることはすべて後輩たちに伝えていきたいです。

そしていつかは、海外のお店でも店長をつとめたいですね。子どものころから習ってきた英会話を活かして、日本のファッションを世界に発信していきたいんです。

• カードケース •

**PICKUP ITEM**

スタッフからもらったメッセージカードをしまったカードケース。感謝の気持ちがつづられていて、新井さんの元気のもとになっている。

服が乱れていたら、すばやくたたんでもとの位置に。売り場をいつもきれいに保つのが、アパレル店員の仕事の基本。

### アパレルショップ店長になるには……

まず、アパレルショップを経営している会社に就職して、販売員として経験を積みます。それから実力を認められて、店長になる人が多いようです。会社によっては、社内で店長になるための試験を実施しているところもあります。

必要な資格はありませんが、ファッション販売能力検定や色彩検定などの資格が役に立つこともあります。

高校
↓
大学・専門学校
↓
アパレルショップで販売員として働く
↓
アパレルショップ店長

商品を上手に組みあわせて、おしゃれなファッションをお客さんに提案する。

## Q アパレルショップ店長になるにはどんな力が必要ですか？

だれとでも、分けへだてなくコミュニケーションを取る力が必要です。たくさんのスタッフをまとめるには、まず、自分のことを信頼してもらわないといけません。そのためには、ひとりひとりに歩みよって、しっかりコミュニケーションを取ることが大事です。苦手なタイプだからといって距離を置いてしまうようでは、店長はつとまりません。

あとは、ダメなことはダメと、しっかり言える人がいいですね。スタッフの仕事のやり方に問題があったときは注意して、どうすればうまくやれるか話しあいます。相手にいやがられるのを恐れて何も言わないでいると、まわりの人に迷惑がかかってしまいます。

### 新井さんの夢ルート

**小学校・中学校・高校 ▶ 通訳**

小学生のときから、英会話スクールに通っていた。上達するのが楽しくて、いつかは英語を使う仕事に就きたいと思っていた。

▼

**大学 ▶ アパレルショップの販売員**

英語を活かしながら、好きなファッションに関われる仕事がしたいと思うようになった。海外に向けて日本のファッションを発信している会社なら、仕事で英語を使う機会も多いと考えた。

## Q 中学生のとき、どんな子どもでしたか？

とにかく負けずぎらいでしたね。学校で合唱コンクールや運動会があると、クラスの先頭に立って練習を引っぱっていました。自分のクラスを1番にしたいという気持ちもあったし、何よりみんなでがんばるのが好きだったんだと思います。

部活も熱心にやっていました。バスケ部でしたが、練習がとてもきびしくて、夏休みでさえ休みが3日間しかありませんでした。それでも途中で投げだすのはいやで、3年間やりとげました。

部活のあとは、大好きな英会話を習いにいっていましたね。学校の勉強は、わりと好きでした。典型的な文系で、英語が得意で数学と理科はそこそこでした。

運動会などの学校行事では、いつもリーダーシップを発揮したという新井さん（左）。

## Q 中学のときの職場体験は、どこに行きましたか？

中学2年生のとき、保育園へ1日行きました。3歳くらいの子どもたちのクラスを担当させてもらったのですが、とにかくみんな元気いっぱいでしたね。いっしょに歌を歌ったり、お絵かきをしたり、お昼寝の時間には寝かしつけたりしました。

わたしは小学生のときバレエを習っていて、ダンスが得意だったので、おどりの時間には子どもたちの前でお手本を見せてあげました。そうしたら、子どもたちが喜んで集まってきて、うれしかったですね。気がつけば、あっという間に1日が過ぎていました。

中学時代、新井さん（左）はバスケットボール部のフォワードとして活躍した。

## Q この仕事をめざすなら、今、何をすればいいですか？

おしゃれを楽しむのはもちろんですが、洋服に関わるいろいろなことに興味をもってほしいですね。

例えば、洋服についているタグには使われている繊維の名前も書いてあるので、見てみるといいですよ。そして、インターネットや本などで、簡単なことからでいいので調べてみてください。じつはわたしも、お客さまから生地のことでよく質問を受けるので、時間を見つけて勉強しているんです。

おしゃれに見せる方法だけではなく、冬に温かい生地はどれか、夏によく汗を吸いとるのはどれかといった知識が身につけば、もっとファッションが好きになると思いますよ。

## Q 職場体験では、どんな印象をもちましたか？

職場体験に行くまで、保育園の仕事は、かわいい子どもたちとずっといられて、楽しそうだなと思っていたんです。でも、保育士さんたちが働くようすを近くで見て、大変な面もたくさんあることを知りました。

言うことを聞いてくれない子には、根気強く声をかけつづけなければいけないし、動きまわる子どもたちをつねに目で追っているので、気の休まるひまがなさそうでした。

それでも、子どもたちが寝しずまって連絡帳にコメントを書いているとき、保育士さんたちはとても優しい顔をしているんです。子どもたちが大好きだからこそ、これだけ大変な仕事ができるんだと、感動しました。

スタッフひとりひとりを一人前に育てることが店長としての責任

## － 今できること －

**ふだんの暮らし**

いろいろなお客さんに接したり、スタッフをまとめたりする店長には、だれにでも明るく話しかけられる人が向いています。今から、いろいろな年代の人と積極的に話をするようにしましょう。

また、アパレルショップに行ったら、人気を集めている服は何か、どんな人がどんな服を買いにくるのかなどをチェックしてみるといいでしょう。自分が好きな服だけではなく、どんな人にどんな服が似合うかを考える習慣をつけておくと、将来きっと役に立ちます。

 **国語** お客さんやスタッフとしっかりコミュニケーションが取れるよう、話す力や聞く力を養いましょう。また、敬語を正しく使えるようにしておくことも大切です。

 **数学** 売り上げや商品の在庫などを管理するためには、数学をきちんと学んでおくとよいでしょう。お店を運営すると、計算をする機会が増えます。

 **美術** 美しい絵画やさまざまなデザインを鑑賞して、美的センスをみがいておきましょう。

 **家庭科** 衣服のサイズや繊維の種類、手入れの知識は、アパレルショップで働くときも役に立ちます。ジーンズをあつかうお店などではミシンが使えると便利です。

File No.21

# 百貨店バイヤー
## Department Store Buyer

三越伊勢丹
本田彩夏さん
入社6年目 27歳

新しい世界と出会うきっかけになる。ファッションには、そんな力があるんです

流行のファッションや生活用品がならぶ百貨店（デパート）には、商品を用意するバイヤーという仕事があります。どのように商品をそろえているのでしょうか。三越伊勢丹で婦人服のアシスタントバイヤーをつとめる本田彩夏さんにお話をうかがいました。

## Q バイヤーとはどんな仕事ですか?

バイヤーの仕事は、店頭にならぶ商品を用意することです。わたしは、婦人服お買い場(売り場のこと)を担当しています。

三越伊勢丹の婦人服お買い場には、2種類のバイヤーがいます。ひとつは、洋服のブランドから商品を仕入れる「セレクトバイヤー」です。国内や海外の展示会に行って、洋服を買いつけます。

そしてもうひとつ、三越伊勢丹のオリジナル商品をゼロから企画してつくるバイヤーもいます。こちらは「プライベートブランドバイヤー」といいます。

どちらもバイヤーと、アシスタントバイヤーでチームを組み、おたがいに相談しあいながら、お客さまが買いたくなるような商品がならんだお買い場づくりをめざしていきます。

わたしは「アシスタントプライベートブランドバイヤー」です。春夏と秋冬で年6回、ファッションに敏感な女性に向けた洋服をつくっています。

スタッフをはじめ、たくさんの人の意見を聞いて、お客さんに喜ばれる洋服を考えていく。

## Q どんなところがやりがいなのですか?

わたしたちが提案したデザインの洋服が、お客さまの求めているものとピッタリ合って、買ってもらえたときは、やりがいを感じますね。とくに自分が一から企画してつくった洋服を、お客さまから「いいね!」とほめてもらえると、すごくはげみになります。

わたしたちが考えた企画が実現するまでには、洋服の形を考えるデザイナー、生地を用意する生地会社、実際に洋服を製作する縫製工場、お買い場にいる店頭スタッフなど、いろいろな立場の人と話しあいます。細かい部分まで何度も話しあい、やり直しながらつくっているので、完成した服を気に入ってくれる人がいると、とてもうれしいんです。

ずらりとならんだ服は、本田さんのチームが企画したもの。ファッションに敏感な女性のための服を毎日考えている。

### 本田さんの1日

- **09:45** 出社。まずはメールをチェック
- **10:30** 店頭スタッフと売れ行きの確認をする
- **12:30** ランチ
- **14:00** 縫製会社などと打ち合わせ
- **16:00** ファッションデザイナーと打ち合わせ
- **17:00** 社内で、その日の仕事内容を確認しあう
- **20:00** 退社後は、パソコンでファッションブランドの最新コレクションをチェックするなど情報収集

本田さんのチームが企画したブラウス。「新しくて、どこか懐かしい雰囲気」をめざし、デイジー模様にした。

## Q なぜこの仕事をめざしたのですか？

　小学生のころは、小学校の先生をめざしていました。障がいがあるため勉強が苦手な友だちがいたんですが、その子たちに勉強を教えたら、とても喜んでくれたんです。今までわからなかったことがわかるようになって、「まるで新しい世界を見つけたみたいだ」って言ってくれて、それがうれしかったんです。それで、おとなになっても、だれかの新しい出会いや発見を手伝えるような仕事に就きたいと思っていました。

　百貨店で働きたいと思うようになったのは、大学4年生の就職活動のときです。百貨店は、食べること、暮らすこと、服を着ることなど、生活のすべてがそろっているので、いろいろな面でお客さまの新しい出会いのきっかけをつくれるんじゃないかと思ったんです。

## Q 今までにどんな仕事をしてきましたか？

　入社してから、ずっと婦人服お買い場を担当しています。最初の2年間はお買い場でお客さまと接する接客係をしていて、とても楽しかったです。お客さまとやりとりしていると、どんどん発想がふくらんでいき、自分だけでは思いつかなかった着こなしや、コーディネートのアイデアが生まれました。

　そのあと、アシスタントセレクトバイヤーになり、働く女性に向けた通勤服を仕入れるようになりました。5年目の4月からは、さまざまなブランドから最先端の洋服を集めたお買い場へ異動になりました。そこで、アシスタントプライベートブランドバイヤーとなり、三越伊勢丹オリジナル商品をつくっています。

## Q 仕事をする上で、どんな工夫をしていますか？

　洋服は「何となく売れそうなもの」ではなく、具体的にひとりの女性をイメージして、その人に合ったものをつくるようにしています。何歳くらいの女性で、どこに住んで、どんな仕事をしているのか。休みの日はどう過ごし、ゴールデンウィークはどこに出かけるか、友だちと会うときにはどんなお店を選ぶのかなど、細かく想像を広げていきます。そうすると、現実のお客さまが本当にほしい洋服に近づけることができるんです。

　常連のお客さまに話を聞いたり、接客係にお買い場で意見を集めてもらったりすることもあります。百貨店はお客さまとの距離が近いので、リアルな声が聞きやすいんです。

## Q 仕事をする上で、大事にしていることは何ですか？

　つねに前向きでいることですね。自分のやりたいことに反対意見が出たり、仕事で失敗したりして、落ちこむときもあるんです。でも、くよくよしていても進まないので、ひとりでかかえこまないようにしています。

　今は3人チームで仕事をしているので、上司や同僚に相談することができます。ほかにも、お買い場のスタッフの意見を聞いたり、いろいろな人からアドバイスをもらったりすることもあります。

## Q 仕事をする上で、むずかしいと感じる部分はどこですか？

バランス感覚をもって仕事をすることですね。

いそがしいときは、つい目の前の仕事に追われがちですが、百貨店でいちばん大切なのはお客さまなんです。だから、お買い場から問い合わせがあったときは、どんなにいそがしくても、お買い場を優先します。どうしても自分が動けないときには、ほかの人に頼むなど、いつも仕事全体に目配りをして、バランスをとって考え、行動するようにしています。

## Q ふだんの生活で心がけていることはありますか？

1日3食、ご飯をきちんと食べることです。

百貨店というと、一見キラキラしてはなやかなイメージがありますが、重い荷物を運んだり、閉店後にひと晩でフロアの商品を入れかえたりするので、体力がないとつとまらない仕事なんですよ。だから元気が出ず食欲がないときでも、ご飯はがんばって必ず食べるようにしています。

「商品の売れ行きを分析したり、最新のファッション情報を調べたり、パソコンに向かう時間も大切です」と本田さん。

## Q これからどんな仕事をしていきたいですか？

これからもずっと婦人服に関わっていきたいと思っています。ほかのお買い場の商品と婦人服を組みあわせた販売をやってみたいですね。

百貨店には洋服以外にも、生活雑貨や旅行用品などいろいろなお買い場があるので、そうした別のジャンルの商品と組みあわせて陳列することで、今までになかった洋服の見せ方ができると思うんです。

食べること、暮らすこと、服を着ることなど、人が生きることにまつわるすべてでお客さまに新しい可能性を見せられるようなバイヤーになりたいです。

### PICKUP ITEM

いろいろな人に会うので名刺は必需品。打ち合わせの内容や思いついたアイデアは、ノートに忘れずメモする。また、計算への苦手意識をなくすために、電卓はかわいいものを使っている。

## バイヤーになるには……

多くの人は大学卒業後、百貨店や専門店などで販売員として経験を積んでから、バイヤーになります。ファッション系バイヤーの場合、大学で有利な学部はとくにありませんが、語学力があると海外での買いつけ時に役に立ちます。また、ほとんどは企業に就職してからバイヤーになっていますが、なかには独立して自分で店をもち、オーナー兼バイヤーとして働く人もいます。

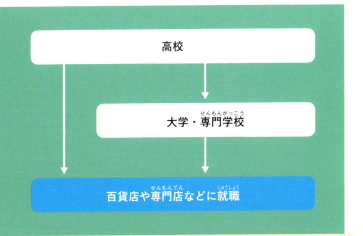

高校 → 大学・専門学校 → 百貨店や専門店などに就職

「街を歩くときも、つねにアンテナを張って、新しいデザインのヒントになることをキャッチします」と本田さん。

## Q バイヤーになるためにはどんな力が必要ですか？

世の中のどんな小さなことでも、キャッチする力が必要だと思います。例えば、ちょっと外を歩いたときに、男性がファッションで女性物のようなバッグを持っていたとしますね。それに気づくアンテナをもつことが大切なんです。百貨店にとって新しい提案につながるヒントは、こうした何気ない日常の中に隠れていたりするんですよね。

ほかには、基礎体力をつけることと、英語などの語学力を高めることも、日々の仕事に役立つと思います。

### 本田さんの夢ルート

- **小学校 ▶ 小学校の先生**
友だちに勉強を教えるのが楽しかった。

- **中学校・高校 ▶ 先生、エンターテインメントの仕事**
英語演劇部に入部。
先生になる夢をもちながら、
エンターテインメントの魅力に出会う。

- **大学 ▶ 英語の先生→百貨店の仕事**
英語の先生になるため、英文科に入学。
サークルでクラシックギターを始めたほか、
お寿司屋さんのアルバイトやオーストラリア
留学を経験し、人にいろいろな可能性を
提案する仕事がしたいと思うようになる。

## Q どんな子ども時代を過ごしましたか？

小学生のころは空手を習っていました。中学校まで続けていたので、今でも体力には自信があります。

黒帯を取ったのが中学2年生で、それからは人に実技を教えることが多くなりました。このころに、はば広い年代の人と知りあったことは、百貨店のお買い場でお客さまに接するときや、いろいろな年代の人に向けて洋服を仕入れるときにとても役立ちましたね。

中学校では、人気のあった英語演劇部に入部しました。あるとき、『オズの魔法使い』でわたしが主役のドロシー役をやることになったんです。わたしは恥ずかしがりやで、人前に出るのは苦手だったのですが、衣装や照明、大道具などを担当した友だちみんなが、わたしの役を輝かせ、舞台を成功させるためにすごくがんばってくれました。観客もとても喜んでくれたんです。

このとき、みんなでひとつのものをつくりあげる楽しさを知りました。

中学時代の英語演劇部の友だちと記念写真。後列中央がドロシーに扮した本田さん。中学時代に打ちこんだ英語演劇は、英語力もアップさせてくれた。

「空手をやっていたおかげで、じょうぶなからだと、苦しくてもがんばる気持ちがつちかわれました」と本田さん。

## Q 中学のときの職場体験は、どこに行きましたか?

保育園に行き、2週間くらい保育士さんについて、クラスを受けもたせてもらいました。

今でも覚えているのは、2歳の子がわたしに着替えさせてほしいと甘えてきたときのことです。わたしは、その子が自分でできるように指導した方がよいと思って、少しだけきびしく「ちゃんと着替えなさい」と言ったんです。でも、そのあとの保育士さんとの面談で、「教えることは大切だけど、保育園には、お母さんに会いたいのを我慢していてさびしい子どももいる。だから、そういう気持ちを受けとめて、甘えさせてあげることも大事なんだよ」と教えてもらい、はっとしました。

仕事をするときは、ひとつの考え方にかたよっていてはいけない。いろいろな角度から考えて、臨機応変にふるまうのがプロフェッショナルなんだと、強く感じましたね。

## Q この仕事をめざすなら、今、何をすればいいですか?

自分が好きなことを、とにかく一生懸命やってみるといいですよ。「百貨店」と言いますが、実際には百どころではなく、本当にたくさんの商品をあつかいます。どんなことでも、仕事に役立つ可能性があるんです。

わたしの場合は中学時代の英語演劇で、仲間と話しあいながらいっしょに舞台をつくった経験が、お買い場で自分の考えを伝えるのに役立っています。

今はむだに思えることでも、将来、意外なところで活きることがあります。それを中学生から意識して、物事に取りくむだけでも、あとあとちがうんじゃないかと思いますね。

人が生きることにまつわるすべてでお客さまに新しい可能性を見せたい

---

## - 今できること -

**ふだんの暮らし**
バイヤーには、たくさんの商品の中から売れるものを見極める力が欠かせません。ふだんから、人々が何をほしがっているのかを観察し、売れている商品があったら、その商品のどこが魅力なのかを考える習慣をつけておくとよいでしょう。

また、バイヤーの仕事は、仕入先の人や店頭スタッフなど、多くの人とのコミュニケーションの上に成りたっています。意見のちがう人とも積極的に話をして、だれとでもチームプレーができるようにしておきましょう。

 **国語** 仕入先などとの交渉が多いので、相手の意見を理解し、自分の意見をきちんと伝える力をつけておきましょう。読解力と表現力を意識してください。

 **数学** バイヤーは、商品の価格や利益などをつねに意識しなければなりません。数字や計算が苦手にならないように、今から慣れておきましょう。

 **美術** 絵画だけでなく、工芸品や映像など、さまざまな作品にふれ、感性をみがいておきましょう。

 **英語** 商品を海外で買いつける場合は、英語をはじめとする語学力が必須になります。英文の読み書きや英会話をしっかり勉強しておくとよいでしょう。

File No.22

# オンラインモール運営
## Online Mall Manager

Yahoo！JAPAN
片山祐輔さん
入社6年目 29歳

わかりやすくて
思いっきり、買い物を
楽しめる場所にしたい

クリックひとつでほしいものが手元に届く、便利なネットショップ。そんなネットショップがたくさん集まったのがオンラインモールです。そこで「Yahoo！ショッピング」を運営するYahoo！JAPANの片山祐輔さんにお話をうかがいました。

## Q オンラインモール運営とはどんな仕事ですか？

オンラインモールというのは、さまざまなネットショップが集まっているWEBサイトのことです。

ぼくが運営しているYahoo！ショッピングには、食べ物からファッション、家電まで、さまざまな商品をあつかうネットショップがおよそ45万店舗集まっています。

仕事は大きく分けてふたつあります。

ひとつはYahoo！ショッピングがお客さまにとって、わかりやすくて便利なものになるように、商品を探しやすくしたり、ポイントがたまるようにしたりといった工夫を考えます。思いっきり、買い物を楽しんでほしいですからね。それ以外にも、タイムセールといって、季節の食材を時間を区切って大売り出しするイベントを行うこともあります。

もうひとつは、出店しているお店や企業にとって、Yahoo！ショッピングが使いやすいオンラインモールになるようにすることです。WEBサイトの更新がやりやすくなるように工夫したり、効果的な広告の出し方を案内したりして、それぞれのネットショップを応援しています。

会議では、他社と比較して、自社のオンラインモールはどこをよくできるか、次にどんなサービスを打ちだせるか、話しあう。

## Q どんなところがやりがいなのですか？

オンラインモールの運営では、何か新しいことを試したら、翌日には結果がはっきりとわかります。これがおもしろいし、やりがいを感じるところですね。

インターネットは情報があっという間に広がるので、よいサービスを打ちだしたら、それだけたくさんの人がサイトを利用してくれるし、会員も増えます。

反対に、サービス内容がよくなければ、競争相手の会社のサービスが選ばれてしまうんです。そのような場合にも、すぐに別のやり方に切りかえられるので、とてもスピード感のある仕事だと思います。

仕事は基本的にパソコンで行う。書類もできるだけ紙にプリントせずに、画面上で確認する。

### 片山さんの1日

- 09:00 出社。社内会議
- 10:00 上司との会議
- 10:30 売り上げなど、前日のデータを集計する
- 11:00 メールチェックをした後、書類を作成したり、企画を立てたりする
- 11:30 社内会議
- 12:30 ランチ
- 13:30 社内会議
- 18:00 企画書の作成など、デスクワークを行う
- 20:30 退社

※勤務時間は日によって異なる。

## Q 仕事をする上で、大事にしていることは何ですか?

自分もまわりの人たちも、楽しく働ける雰囲気をつくるように心がけています。

新しいサービスのアイデアを出しあうために、とにかくよく会議を開くんですが、暗く張りつめたムードのときよりも、みんなが笑顔でリラックスしている方が、おもしろいサービスのアイデアがいろいろ出てくるんですよ。

ぼくは会議で司会をすることも多いのですが、まずは前日に起こったおもしろいできごとなどを話して、空気をなごませてから進行するようにしています。

## Q 今までにどんな仕事をしましたか?

大学院卒業後、Yahoo！JAPANに入社して最初に配属されたのは、ひたすら新しい事業を考える部署でした。右も左もわからない新人だったわけですけど、とにかくいろいろなことを調べて、こんなことができるのではないかと、毎週のように、会議で提案していましたね。

3年目にYahoo！ショッピングに移りました。初めての仕事は、カニの売り上げをのばす企画を立てること。ほかのオンラインモールを参考にしたり、それまでのデータを分析したり、上司や知り合いの意見を聞いたりして、どうすれば買う人に喜んでもらえるのかを研究しました。

それで、カニの種類や値段の安さなど、5つぐらいの切り口で日本一をめざすことにして宣伝したら、一気に売り上げがのびたんですよ。商売では、ほどほどではなく、突きぬけるぐらいやりきることが大切なんだと勉強になりました。

「できるだけ会議でも、場が明るくなるようにふるまおうと心がけています」と片山さん。

カニの販売促進をねらう企画では、お客さんの印象に残る企画をめざして「日本一」にこだわった。

## Q なぜこの仕事をめざしたのですか?

大学と大学院で、街づくりや地域活性化について研究したのがきっかけです。

ぼくが暮らしていた香川県には「高松丸亀町商店街」という長いことで有名な商店街があるのですが、街の人たちに頼んで、お得情報やランチ情報などの魅力をTwitterや映像を配信するUstreamなどでアピールしてもらったんです。すると、観光客や郊外に流れていた近隣の人がたくさん訪れるようになって、商店街は一気に活気づきました。

そのとき、インターネットがもつ影響力の大きさに感動して、WEB関連の仕事をしたいと思うようになったんです。

## Q 仕事をする上で、むずかしいと感じる部分はどこですか?

世の中の流れに合ったサービスを提案しないといけないことです。世間の考え方も、流行も、つねに変わりつづけるものなので、そのときに求められていることが何かを、判断する必要があります。流れてくる情報を追いかけるだけではなく、次に世間が興味をもちそうなことを予想して動くのは、さらにむずかしいですね。

しかも、インターネット上では、オンラインモールにかぎらず、新しくておもしろいサービスが次々に登場しています。ほかの会社のサービスもしっかりと分析した上で、自分たちにしかできないことを探さなければいけないですね。

## Q ふだんの生活で気をつけていることはありますか？

自分の生活が仕事だけにならないように、趣味に熱中する時間も大切にしています。

ぼくはカメラが大好きなので、定期的に友人たちと写真展を開いたり、コンクールに作品を出品したりしているんです。うちの会社では副業（ほかの仕事をすること）も認められているので、休日には結婚式や音楽ライブの撮影といった、カメラマンの仕事もしています。

カメラを通じてたくさんの出会いがあるので、自分の視野がどんどん広がっていくんです。しかも、カメラの腕をみがいたおかげで、Yahoo！ショッピングのサイトにのせる写真を自分で撮影することもできるので、仕事でも役に立っていますね。

## Q これからどんな仕事をしていきたいですか？

人々の生活に役立つWEBサービスを、新しく立ちあげてみたいです。じつは、入社してしばらくしたころ、大学生向けの就職情報WEBサイトを立ちあげたことがあるんですが、利用者が少なくて、失敗に終わってしまったんです。だから、いつかはYahoo！ショッピングのように、だれもが知っていて、生活を便利にするようなサービスを、自分の力で生みだしたいんです。

そのためにも、今はどんなサービスがみんなに喜ばれるのかを学んでいるところです。

キャンペーンなどでは、片山さんが写真を撮影し、Yahoo！ショッピングのサイトに掲載する。

● カメラ ●

写真を撮りはじめたのは、高校3年生。写真集『プリンスエドワード島 世界一美しい島の物語』を見て感動した。

### PICKUP ITEM

父と祖父がカメラ好きで、幼いころからカメラは身近な存在だった。愛用のカメラは、本業のオンラインモール運営でも副業のカメラマンの仕事でも大活躍している。

## オンラインモールを運営するには……

オンラインモールを運営するには、オンラインモールを運営する企業に入社する必要があります。就職活動では、4年制大学卒業資格が必要となる場合が多いです。大学では、経済や、商法など商取り引きについて学んでおくといいでしょう。ネットショップだけでなく、さまざまなWEB上のサービスを利用して、インターネットについての知識も身につけておくと有利です。

高校
↓
大学・専門学校
↓
オンラインモール運営会社などに就職

## Q オンラインモール運営には どんな力が必要ですか？

人とのコミュニケーション能力が求められる仕事です。
例えば、自分が考えたサービスが多くの人に受けいれてもらえるかどうかを見極めるためには、同僚や知人にも積極的に意見を聞く必要があります。それに、できるだけたくさんの人と情報交換をして、世の中で流行していることや、必要とされていることを探るというのも大切です。あと忘れてはいけないのは、新しいサービスを始めるにも、WEBサイトのシステムをつくってくれるシステムエンジニアや、広告を制作するプランナーやWEBデザイナーなどの協力なくしてはできないということ。だからこそ、だれとでもよい人間関係を築ける力が欠かせないんです。

中学校ではバスケットボール部に入ったが、カードゲームなどに熱中して、あまり練習には出なかった。

社内でも、つねにいい人間関係を心がけている。

## Q 中学生のとき、どんな子どもでしたか？

カードゲームやテレビゲームに夢中で、放課後になると、毎日のように友だちと集まって対戦していました。アニメやマンガも好きだったので、体を動かすよりも、室内で楽しめることに興味があったんだと思います。

中学生のときはまだおこづかいが少なかったので、新しいゲームやカードを買うのは簡単じゃありませんでした。そこで、いらなくなったCDやゲームをYahoo!オークションで売って、おこづかいを増やしていたんです。実際には、知り合いのおとなにお願いして売ってもらっていたのですが、そのころからインターネットを利用した商売に興味をもつようになりましたね。

### 片山さんの夢ルート

- **小学校・中学校 ▶ 小学校の先生**
  母と祖母が教師だったので教師をめざしていた。
  ▼
- **高校・大学 ▶ 何も考えていない**
  理科が得意だったことから理系に進んだが、途中で自分には向いていないことに気づく。
  ▼
- **大学院 ▶ WEB関係の仕事**
  地域活性化の研究をしていて、インターネットの影響力に感動して、将来はWEB関係の仕事に就きたいと思った。

片山さんが中学生のときに熱中したカードゲーム『遊戯王』(左)とゲームソフト『ファイナルファンタジーX-2』(下)。

## Q 中学のときの職場体験は、どこに行きましたか？

ぼくが通っていた中学校では、職場体験をしたい場所を自分で見つけてくることになっていたんです。ぼくは、カードゲームやおもちゃが好きだったので、地元の小さなおもちゃ屋さんに頼んで、友だちといっしょに働かせてもらいました。

仕事は、店内のそうじや、たなの上に商品をならべるといった簡単なものから、お店で売るおもちゃを発注するというむずかしいものまで、いろいろやらせてもらいましたね。

## Q 職場体験では、どんな印象をもちましたか？

子どものころから通っていたおもちゃ屋さんが、どんな仕事をしているのがわかって、おもしろかったですね。

子どもたちにとって、おもちゃ屋さんは、好きなものが何でも手に入る夢のような場所ですよね。でも、実際にはお店の人が真剣に悩んで、子どもたちが喜ぶ商品は何かを考えていたんです。

ぼくも、お店で売るおもちゃをカタログの中から選んだのですが、もしも売れのこったらお店が損をするので、とても責任を感じました。商売のむずかしさを考える、いい機会になったと思います。

## Q この仕事をめざすなら、今、何をすればいいですか？

パソコンの知識が必要なので、今から操作を覚えておくといいと思います。いろいろなWEBサービスを見てみるだけでも、WEBサイトのしくみがどうなっているのか、勉強になりますよ。

それと、英語力を身につけてほしいですね。インターネットは世界中とつながっているので、英語で情報を集めたり、英語で情報を発信したりできたら、将来WEBの仕事をする上でとても役立ちます。自分の世界もぐんと広がると思いますよ。

ほどほどではなく突きぬけるぐらいやりきることが商売では大切

## － 今できること －

**ふだんの暮らし**

オンラインモールの運営者になるには、世の中の人々がどんな商品やサービスを求めているか、どうすればそれらを買ってもらえるかを感じとる力が必要です。身のまわりのものの便利なところや不便なところがないか調べてみてください。また、いろいろな広告を見くらべてみるのもよいでしょう。

インターネットやWEBサイトの知識はもちろん、プログラムの知識が必要になることもあります。少なくとも、今からパソコンに慣れておきましょう。

 **国語** 大勢で仕事をするにはコミュニケーション能力が大切。人の話を聞く力や自分の考えを話す力を養いましょう。将来、会議や書類づくりで活きてきます。

 **社会** 社会の動きを知るには、歴史や地理、政治、経済など、社会の基礎的な知識が役立ちます。とくに経済は、物の売れ方に深く関わるので、意識しておきましょう。

 **数学** 売り上げなどのデータの集計や分析では数学も必要になるので、苦手な人は今から克服しておきましょう。

 **英語** 世界にはユニークなWEBサイトがたくさんあります。インターネットでは、英語ができると断然有利です。読み書きを中心に力をつけておくとよいでしょう。

File No.23

# 園芸店店長
## Gardening Store Manager

プロトリーフ
ガーデンアイランド
佐藤健太さん
入社9年目 29歳

植物があると
暮らしが豊かになる。
新しい家族のように
むかえてほしい

花の苗や植木など、さまざまな植物がならぶ園芸店。その店員は、それぞれ植物の特徴を理解し、枯らすことのないよう毎日ていねいに世話をします。園芸店、プロトリーフの店長をつとめる、佐藤健太さんにお話をうかがいました。

## Q 園芸店店長とはどんな仕事ですか？

植物を仕入れ、お店でていねいに世話をしてお客さまに販売します。

なかでも大切なのは、植物がお客さまの手元に届くまで、お店できちんと管理することです。植物は生き物ですが、ぼくたちにとっては商品でもあるので、傷まないように細心の注意をはらいます。毎日の水やりも「品質管理の一部」という意識で行うんですよ。

そしてお客さまに接することも、大切な仕事です。庭に植える植物を探す人、プレゼント用の花を探す人など、お客さまの目的はいろいろなので、よく話を聞いて、ぴったりのものをすすめられるように心がけています。

ほかにも、より多くの人に緑にふれてほしいので、植物の育て方やかざり方についてのワークショップ（体験講座）を行っています。

> プロトリーフでは、店内、店外合わせて4000種から5000種、多いときは1万種もの植物をあつかっている。苗や鉢植えなどさまざまだ。

> 「サボテンなどの多肉植物のように、毎日水やりすると弱ってしまう植物もあります。それぞれに手入れの方法がちがうんです」

## Q どんなところがやりがいなのですか？

暮らしの中に植物があると、季節を感じることができます。そして、暮らしが豊かになると思うんです。そのお手伝いをすることができる点が、いちばんのやりがいです。

なかには、「佐藤さんにすすめてもらった木がきれいに花を咲かせたよ」と言って、写真を見せてくれる人もいます。そんなときは、本当にうれしいですね。

植物は調子が悪くても口に出すことができません。だから、よく観察して、愛情をもって育てることが大切なんです。近ごろは、新しい家族をむかえるような感覚で、植物を買ってくれるお客さまがたくさんいます。お客さまに植物をすすめるときは、植物を上手に育てるポイントを必ず伝えるようにしています。

### 佐藤さんの1日

- 09:00 出社。そうじや花の水やりなど、開店準備をする
- 10:00 開店。売り場へ出てお客さんへの対応をする
- 12:00 空いている時間にランチをする
- 13:00 売り場でふたたびお客さんへの対応
- 20:00 閉店。レジのお金の計算などを行う
- 21:00 売り上げの管理やワークショップの企画など、パソコンを使った仕事をする
- 23:00 退社

## Q 仕事をする上で、大事にしていることは何ですか？

ぼくが店長をつとめるプロトリーフは大きな店なので、多くのスタッフが働いています。そのため、スタッフによって、お客さまへのサービスにばらつきが出ないように心がけています。

例えば、プレゼントやお見舞い用の寄せ植えをつくるとき、スタッフによって寄せ植えのしあがりがちがうようだと、問題です。「プロトリーフらしい寄せ植え」を、全員が同じようにつくれなくてはいけません。そこで月に2回、社員全員でミーティングを行い、全員で共有すべき情報や、ぼくからの意見を伝えるようにしています。そうして、お客さまだれもが同じサービスを受けられるように意識しています。

## Q なぜこの仕事をめざしたのですか？

高校生のとき、担任の先生にすすめられたのがきっかけです。ぼくは、植物や動物について学べる園芸高校で、庭づくりや花の育て方を専門に学んでいました。フラワーアレンジメントや、果実の収穫などの授業もあったんですよ。

もともと、何か特別な技術を身につけて仕事がしたいと思っていたので、大学へ進学して勉強するより、少しでも早く就職して、腕をみがきたいと思っていました。

高校3年生のとき、たまたま、最初につとめた園芸の会社が高校の卒業者を対象に募集を出していたんです。それを見つけた先生が、「受けてみたら？」と紹介してくれました。採用試験を受けたら担当の方に気に入ってもらえて、入社が決まりました。

## Q 仕事をする上で、どんな工夫をしていますか？

スタッフに仕事を教えるときは、口で説明するだけではなく、実際に作業をしながら、コツを伝えるようにしています。

園芸店での仕事は、苗を鉢へ植えかえたり、木の剪定※をしたりと、とにかくからだを使うことが多いです。だから、頭で覚えるのではなく、実際にからだを使って覚えた方が仕事が身につくんです。

ぼくも、そうやって仕事を覚えてきたので、「からだで仕事を覚える」この感覚をスタッフに伝えています。

鉢植えの木の枝を剪定。見ばえがよくなるだけでなく、下の方の葉にも日が当たるようになる。植物の状態を保つための大切な作業。

「ミーティングだけでなく、それぞれのスタッフとコミュニケーションを取って、店の方針や技術を伝えるようにしています」

• 剪定ばさみ •

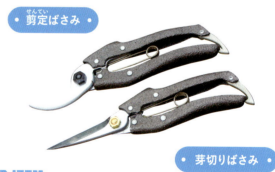

• 芽切りばさみ •

### PICKUP ITEM

剪定ばさみは木の枝を切る道具で、芽切りばさみは、たくさん出すぎた新芽を切りとるときなどに使う道具。どちらも刃をといで手入れする。刃が傷むので、植物以外のものは切らない。

用語　※剪定 ⇒のびすぎた木の枝を切って、形を整えたり、風通しをよくしたりすること。木を手入れする方法のひとつ。

## Q 仕事をする上で、むずかしいと感じる部分はどこですか？

自分が今もっている植物についての知識がすべてだと思わずに、学びつづけることが必要です。それが、この仕事のおもしろさであり、むずかしさでもあると思います。

ぼくは、10年くらいこの仕事をしているので、ひと通りの知識は身につけたつもりですが、植物は生き物なので、天候や気温、土の状態によって、それぞれ育ち方がまったくちがってくるんです。いまだに植物の不思議にはおどろかされることばかり。だから学びつづけるんです。

店内にならぶ、さまざまな植物。初心者でも世話がしやすい、小さな鉢植えをあつかったコーナーもある。

## Q ふだんの生活で気をつけていることはありますか？

休みの日は、街のいろいろな場所で、植物を観察するようにしています。

店でお客さまに接していると、「この植物をリビングで育てたいのですが、可能ですか？」とか「ベランダで育てやすい木はどれですか？」などと、具体的な相談を受けることがあります。でも、植物を置く場所の日当たりや風通し、土の状態などを実際に見てみないと、お答えするのがむずかしいことも多いです。そんなとき、街で見かけた植物の記憶が頼りになります。例えば、お客さまがリビングに置く植物を探しているときは、「この植物を洋服店で見ましたが、日当たりがよくない場所だと元気がありませんでしたよ。こちらの植物なら光量が少なくても元気に育ちます」などと、具体的な例を挙げて、アドバイスすることができるんです。

## Q これからどんな仕事をしていきたいですか？

まだ植物を育てる習慣がない方に、植物と暮らす楽しみを伝えていきたいと思っています。

プロトリーフのお客さまは、40～50代の人が中心です。その下の、30代以下の人に、植物の魅力を伝えるのが今の目標です。初めて植物を育てる人は、雑誌の特集を見て、興味をもってお店に来る場合が多いので、ファッション雑誌やインテリア雑誌で植物が取りあげられているときは、参考のために、必ずチェックするようにしています。

店内には、初心者の方でもあつかいやすい植物を集めたコーナーをつくったり、植えこみ体験のワークショップを企画したりもしているんですよ。

それから、植物を通じて、子どもたちに命の大切さを伝えられたらよいなと思っています。それで最近は、子ども向けのワークショップも開催していますね。

### 園芸店店員になるには……

園芸店の店員になるには、さまざまな道があります。早くから経験を積みたい場合は、高校を卒業後、園芸店に就職するのがよいでしょう。まずはアルバイトスタッフとして働いて、正社員として採用される例もあります。

植物についての知識を深めてから働きたい場合は、大学や専門学校で学んでから就職し、店で経験を積むことになります。

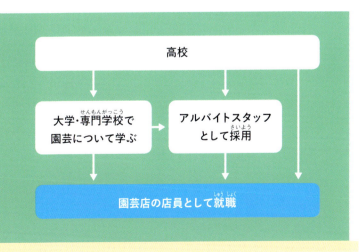

## Q 園芸店で働くためには どんな力が必要ですか？

つねに「知りたい」「やってみたい」という探求心をもって仕事をする力が大切だと思います。

植物を相手に仕事をしていると、こちらの思うように育ってくれないことがたくさんあります。そんなとき、「原因が知りたい」「別の方法を試してみよう」と積極的に考えられる人は向いていると思います。じつは、ぼくも「もっといろいろな植物のことを知りたい」という気持ちで、家でめずらしい植物をたくさん育てています。図鑑や教科書にも育て方はのっていますが、やはり実際に育ててみないとわからないことがあるんです。だから、今も発見の連続です。

育った苗を植木鉢に植えているところ。「土を手で押して、空気をぬきます。こうしておかないと、水やりをしたとき、土に空気の穴が空いてしまうんです」

閉店したあとは、スタッフの出勤予定を考えたり、ワークショップの企画を考えたりする。

### 佐藤さんの夢ルート

- **小学校 ▶ 大工**
  小さいころから建設業の父親の仕事を見て、まわりにいる大工さんにあこがれた。

- **中学校 ▶ 大工か料理人**
  中学生でも大工になりたかった。大工と同じように、自分で身につけた技術を使って仕事する料理人もいいと思うようになる。

- **園芸高校 ▶ 園芸店店員**
  園芸高校に入るときには、将来園芸店で働きたいと思っていた。野菜や果物を育て、フラワーアレンジメントなども学んだ。

## Q 中学生のとき、 どんな子どもでしたか？

バスケットボール部に所属して、毎日、部活に打ちこんでいました。部活が終わったあとも、暗くなるまで校庭でからだを動かしているようなタイプでしたね。運動がとても好きでした。

そのころは、手に職をつけられる職業に就きたかったので、大工さんや料理人になりたいと思っていましたね。

園芸店での仕事は体力勝負なので、中学時代から体力をつけておいてよかったと思います。

中学時代、バスケットボール部だった佐藤さん。ポジションはフォワード。

## Q 中学のときの職場体験は、どこに行きましたか？

ぼくの学校では職場体験を行っていませんでした。でも、代わりに「進路教育」という授業があったんです。

その授業では、消防士の人が体育館に来てくれたのを覚えています。防火服姿で、消防士とはどんな職業かということと、人命救助についての話をしてくれました。

消防士の人は、動きがきびきびとしていてかっこよかったですね。ぼくの友人は、進路教育の授業のあと、「消防士になりたい」と言っていました。

## Q 進路教育では、どんな印象をもちましたか？

消防士の話を聞いて、スーツを着たサラリーマンより、資格や技術を身につけ、からだを使う仕事の方がぼくには合っているように感じました。

中学校から高校へ進学するときも、「将来につながる技術を早く学びたい」という気持ちで、工業高校や園芸高校などへの進学をいちばんに考えました。

高校時代は園芸高校へ電車で通学していたのですが、毎朝スーツを着て会社に向かうサラリーマンの人たちを見て、みんな疲れているように見えました。そのとき、ぼくは将来作業着を着て現場に立つような仕事をすると確信しました。

## Q この仕事をめざすなら、今、何をすればいいですか？

まずは、植物に興味をもって、自分で育ててみましょう。また、店で外国人のお客さまと話をするときには、英語が必要です。サービス業すべてに通じることですが、英語をきちんと勉強しておくとよいと思います。英語が話せれば、より細やかなサービスができます。

それから、体力をつけておくとよいですよ。真夏の炎天下や、真冬の寒いときにも苗に水やりをしたり、母の日の前には徹夜でカーネーションを全国に送ったり、この仕事はとてもハードでからだを使います。基礎体力をつけるにこしたことはないです。

植物の不思議におどろかされてばかりだから学びつづけるんです

---

### − 今できること −

**ふだんの暮らし**
家や学校の花だんや教室に飾られている植物など、身近にある植物の世話をしてみましょう。

また、図鑑などを見て、花がきれいに咲く時期や、「バラ科」「ユリ科」といった植物の分類を学んでおくとよいでしょう。分類が同じ植物は、管理方法が似ている場合が多いといわれています。

また、園芸店では、お客さんの要望を理解する力が大切です。友だちや家族の話をよく聞くようにして、理解力を高めましょう。

 **国語** 植物の特徴をわかりやすくお客さんに説明できるよう、国語力をつけておくといいでしょう。

 **理科** 基礎的な植物の知識や、気候の変化、微生物の働きなど、植物を育てるときに役立つさまざまな知識を学ぶことができます。

 **美術** 寄せ植えや、花束をつくるときなどは、色彩やバランスの感覚が必要です。芸術作品を鑑賞して、美意識を高めましょう。

 **英語** フラワーアレンジメントは海外から伝わった文化です。英語で書かれた参考書も読むことができるようにしておきましょう。

File No.24

# 書店員
## Bookseller

紀伊國屋書店
森山千春さん
入社3年目 24歳

「紙の本」ならではの よさを、いろいろな人に 伝えたいんです

雑誌や小説、図鑑……。書店の本棚にはさまざまな本がぎっしりとつまっています。書店員は本を売るだけでなく、店に置く本を選んだり、イベントを企画したりと多くの業務を行います。紀伊國屋書店で働く森山千春さんに、お話をうかがいました。

## Q 書店員とはどんな仕事ですか？

お客さまが読んでみたいと思うような本を、お店にそろえて販売する仕事です。

わたしが働くお店は、地下1階から8階まで売り場があります。1階は新刊や雑誌、3階はビジネス書というふうに、フロアごとにあつかっている本がちがいますが、わたしは1階で、女性向けの雑誌コーナーを担当しています。

営業時間内は、レジで本を販売したり、お客さまに売り場をご案内したりします。その合間に、時間を見つけて雑誌の注文なども行います。

閉店後、翌日発売の雑誌を店頭にならべます。女性向けの雑誌は全部で100誌くらいあるので、毎日大変です。

雑誌は発売日が決まっていて、必ずその日に買いに来てくれる常連さんが多いです。常連さんは、当日の朝早くに来店することもあるので、開店したときには新刊がきちんとならんでいる状態にしておかなくてはいけません。

担当の女性誌コーナー。表紙のタイトルが見えやすいよう、たなを整頓。若者向けから高齢者向けまで、読者対象ははば広い。

## Q どんなところがやりがいなのですか？

お客さまに名前と顔を覚えてもらって、「雑誌のことなら森山さんに聞いていればまちがいないわね」と言ってもらえたのが、今まででいちばん、この仕事をやっていてよかったなと思った瞬間でした。

最近は、インターネットで本を注文することができますし、電子書籍で読むこともできます。雑誌は写真が多いので、電子書籍で読む人が増えている印象があります。

それでも、わざわざお店へ来てくれるお客さまには、本当に感謝しています。

入荷した雑誌や本を、荷台いっぱいに積んで、売場へ運ぶ。「書店での仕事は、想像以上にからだを使います」

### 📍 森山さんの1日

- **09:15** 出社※。その日発売の雑誌を店頭にならべ、たなを整理して開店準備
- ▼
- **10:00** 開店。お客さんへの対応をしながら、商品の発注なども行う
- ▼
- **18:00** 退社（早番のとき）
- ▼
- **21:00** 閉店。遅番のときは翌日発売の雑誌のうち、半分ほどを店頭にならべる。次の日に必要な紙袋やカバーなどの備品も準備

※勤務時間には早番と遅番があり、早番は 9:15 ～ 18:00、遅番は 12:30 ～ 21:15 の勤務となる。

35

## Q 仕事をする上で、どんな工夫をしていますか？

仕入れをするとき、「これは売れるかも」「何だか気になるな」と感じる雑誌があれば、ちょっと多めに仕入れます。そして、目立つ場所にならべたり、POP※を雑誌のそばに置いて、お客さまにおすすめしたりします。

反応があって、売り上げがアップしたときは、はげみになりますね。

雑誌の売れ行きを予想するとき、参考になるのが雑誌の次号予告です。特集の内容や、ふろくが流行しているものだと、売り上げがのびやすいんですね。

仕入れをするときは、その雑誌を買っている読者の年齢層や、ほかの店舗での売り上げといったデータも参考にする。

## Q なぜこの仕事をめざしたのですか？

わたしは「新しもの好き」なタイプです。書店は、あらゆる分野の最新の情報が集まる場所なので、楽しく働けるんじゃないかと思って選びました。

でも、就職活動の時期は、興味がある職種がたくさんあって、悩みましたね。じつは、いちばんひかれていたのは、キャビンアテンダントやグランドスタッフなど航空業界の仕事と、旅行業界の仕事でした。旅行に関する仕事なら、見たことのない世界にふれられると思っていたんです。

航空会社、旅行代理店、ホテル、商社など、さまざまな企業の試験を受けましたが、紀伊國屋書店の募集を見たとき、「書店なら、いつだって新しい情報に囲まれて仕事ができるな」と思いました。試験を受けて、採用が決まったときは、とてもうれしかったですね。

## Q 仕事をする上で、むずかしいと感じる部分はどこですか？

たなにどんな雑誌や本をならべるかは、そのコーナーの担当者にまかせられています。とてもやりがいがありますが、雑誌は毎日発売されていて、商品の量が膨大なので、判断がすごくむずかしいですね。

わたしが担当する女性向けの雑誌売場では、過去に出版されたバックナンバーも取りそろえています。特集の内容や読者層によっては、バックナンバーが売り上げをのばすことがあるので、バランスを見てたなにならべています。

どんな雑誌をそろえるか、考えるのは大変ですが、これがこの仕事でいちばんおもしろい部分でもあるなと感じています。

● 書店手帳

● 安全カッター

### PICKUP ITEM

書店手帳は、書店員だけに配られる特別な手帳。雑誌の発売日が書かれたページがあるので、森山さんにとっては手放せないもの。また、雑誌や本をまとめているひもは、安全カッターで切ってすばやくほどく。

**用語** ※POP ⇒ 本の内容や、おすすめのポイントをまとめたカード。本をならべるたななどに取りつける。

## Q ふだんの生活で気をつけていることはありますか?

書店員の仕事は、肉体労働です。なので、健康管理にはとても気をつかっています。

就職する前は、書店は「ゆったりと静かな空間」というイメージでしたが、現実は、朝から晩まで立ち仕事ですし、入荷してくる雑誌はかなり重いので、少しでも気をぬくと、腱鞘炎やぎっくり腰になりかねません。じつは、わたしはすでに、どちらも経験があるのですが……。

今は、けがをしないように、ストレッチを念入りにして、全身をほぐすようにしています。あと、お風呂にゆっくりつかってから眠ると、疲れがよく取れるので、どれだけ帰りがおそくなっても、必ずお風呂には入るようにしています。

営業時間中のいそがしい合間をぬって、スタッフどうしで仕入れる本や、イベントの企画についてすりあわせる。

## Q これからどんな仕事をしていきたいですか?

ふだん本を買わない方にも、書店へ来てもらえるように、イベントの企画に力を入れたいと思っています。

今、うちのお店では、本を出版した方のトークショーなどのイベントを、毎日のように行っています。最近はブロガーや料理研究家、モデルの人が本を出すことが多いですが、テレビやインターネットで人気がある人のイベントだと、ふだん書店にあまり行かないという人も、抵抗感なく来てくれるんです。

まだ書店で働いて3年ですが、売れているはずの雑誌が休刊になったり、毎月発行されていた雑誌が2か月に1度の発行になったりと「紙離れ」を肌で感じています。

でも、わたしは、紙独特のにおいや手ざわりがある本が大好きです。もっとたくさんの方に書店へ来てもらってそのよさを知ってもらうために、ひとりでも多くの方が行ってみたいと思うようなイベントを、企画していきたいんです。

けがをしないように、ストレッチは欠かせない。「休憩中や、お風呂あがりには、こんなふうにストレッチをして、からだをほぐします」

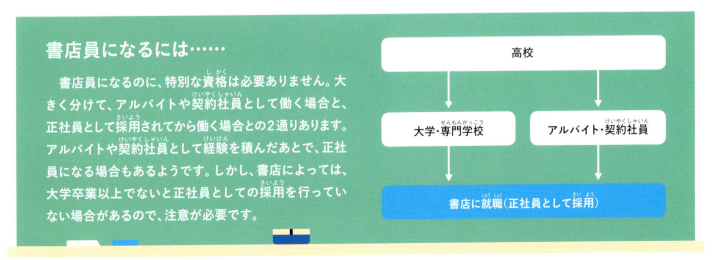

### 書店員になるには……

書店員になるのに、特別な資格は必要ありません。大きく分けて、アルバイトや契約社員として働く場合と、正社員として採用されてから働く場合との2通りあります。アルバイトや契約社員として経験を積んだあとで、正社員になる場合もあるようです。しかし、書店によっては、大学卒業以上でないと正社員としての採用を行っていない場合があるので、注意が必要です。

高校 → 大学・専門学校 / アルバイト・契約社員 → 書店に就職(正社員として採用)

## Q 書店員になるにはどんな力が必要ですか？

情報を収集する力と、コミュニケーション能力です。

書店には、毎日たくさんの本が入ってきます。その中から、売れそうなものを見極めるには、世の中で話題になっていることを知っていなくてはいけません。最近はTwitterやFacebookといったSNSで話題になった本や、テレビや新聞などで取りあげられた本が、急に売り上げをのばすことがあります。だから、つねに情報を集めることが大切です。

そして、書店員は接客業なので、お客さまと気持ちよくコミュニケーションを取ることができる人が向いています。お客さまが何を求めているのか、きちんと感じとることが大事ですね。本の仕入れやイベントの企画を通して、出版社の人とやりとりをする機会も多いので、やはり、コミュニケーション能力は欠かせません。

### 森山さんの夢ルート

**小学校 ▶ キャビンアテンダント**
テレビ番組で、世界をまたにかけて働く姿を観て、あこがれるようになった。

▼

**中学校 ▶ キャビンアテンダント**
職場体験で、美しいキャビンアテンダントたちがきびきび働く姿を見て、ますますあこがれた。

▼

**高校 ▶ キャビンアテンダント**
大学受験では、航空業界の就職に有利な観光学部を志望した。

▼

**大学 ▶ キャビンアテンダント・ブライダルプランナー→書店員**
女性が人生で最もかがやく瞬間をそばで見たいと思い、ブライダルプランナーにもあこがれた。就職活動を通して書店での仕事に魅力を感じるようになった。

## Q 中学生のとき、どんな子どもでしたか？

中学校の3年間は、陸上の駅伝部に所属して、部活づけの毎日でした。毎日練習があって、練習内容もとてもハードでしたが、今はからだを使う仕事をしているので、このころに体力と根性をつけておいてよかったと思います。

また、中学生のころは、毎朝「朝の10分間読書」という時間がありました。自分の好きな本を持ってきて、10分間読書するんです。わたしは、小学生のころから好きだった『ハリー・ポッター』シリーズを読んでいましたね。分厚い本なので重かったですが、かばんに入れて持ちあるいていた記憶があります。本がぼろぼろになるまで、何度も読みました。

「やりたい部活が多すぎて、決められませんでしたが、足が速くなれば、どんなスポーツもできるようになると思い、駅伝部を選びました」

森山さんが小・中学校のころに夢中で読んでいた本。「中学生のころは、部活の荷物と本で、ぱんぱんのかばんで学校に通っていました」

## Q 中学のときの職場体験は、どこに行きましたか？

羽田空港で、グランドスタッフやキャビンアテンダントの仕事を見学したり、体験したりしました。

職場体験は、丸1日でした。午前中は、空港のスタッフの人のお話を聞いたり、グランドスタッフの人たちのお仕事を見学したり。そして午後からは、実際にキャビンアテンダントの人が受けている研修を体験することができました。乗客にお茶をわたしたり、ブランケットを配ったりといった内容です。キャビンアテンダントは、当時あこがれの職業だったので、どきどきしながら参加しました。

## Q この仕事をめざすなら、今、何をすればいいですか？

興味のあることはとことんほりさげて、いろいろな知識を身につけるとよいと思います。

書店では、ファッション誌やマンガ、歴史の専門書など、さまざまな分野の本をあつかいます。それぞれの分野に担当の書店員がいますが、お客さまにとって魅力的な売り場をつくるには、書店員がその分野のことをよく知っていなくてはいけません。担当する分野が変わることがあるので、わたしもいろいろなことを勉強しなくてはと思っています。

書店員にとって、知識がたくさんあることは強みです。好きなことに打ちこんで、いろいろなことを吸収してください。

## Q 職場体験では、どんな印象をもちましたか？

キャビンアテンダントの人たちは、とても美しい日本語を話し、さらに、当たり前のように英語も話していました。それにメイクも服装も、とてもきれいで……。そんな姿で、てきぱきと仕事をこなすのを見て、あこがれてしまいましたね。

そして何より、乗客の前ではつねに笑顔を絶やさないで、仕事に取りくんでいました。それがとてもかっこよく感じたのを覚えています。わたしも今、接客業をしていますが、お店に来てくださったお客さまが気持ちよく帰れるように、日ごろから笑顔を心がけています。

本を買わない人も書店へ行きたくなるようなイベントを企画したい

## － 今できること －

**ふだんの暮らし**

書店にならぶあらゆる分野の本をあつかう仕事なので、本をたくさん読んでおきましょう。

また、図鑑や小説、雑誌、実用書など、本にはさまざまな種類があることを知っておくのも大切です。時間があれば、実際に書店へ足を運んで、本がどんなふうにたなにならべられているか観察してみましょう。

書店員は接客業です。お客さんに心地よく感じてもらえるように、ふだんから、ていねいな言葉づかいを心がけましょう。

**国語** お客さんが思わず足を止めるようなPOPが書けるよう、本の内容をまとめる力をつけておきましょう。語彙力をみがいておくと、文章の表現にはばが出ます。

**数学** 本の仕入れでは、売り上げや来店客数のデータを参考にします。表やグラフからさまざまなことを読みとって、分析する力をつけましょう。

**体育** 書店員は、1日中動きまわる仕事なので、体力が必要です。基礎体力をつけておきましょう。

**英語** 海外からの旅行客が、書店に来ることも増えています。話を聞きとって、最低限の対応ができるよう、日常会話レベルの英語力を身につけておきましょう。

仕事のつながりがわかる

# ショップの仕事 関連マップ

## 百貨店バイヤーが洋服をつくる場合

百貨店のプライベートブランドバイヤーが洋服をつくる場合、どんな流れになるのか、見てみましょう。

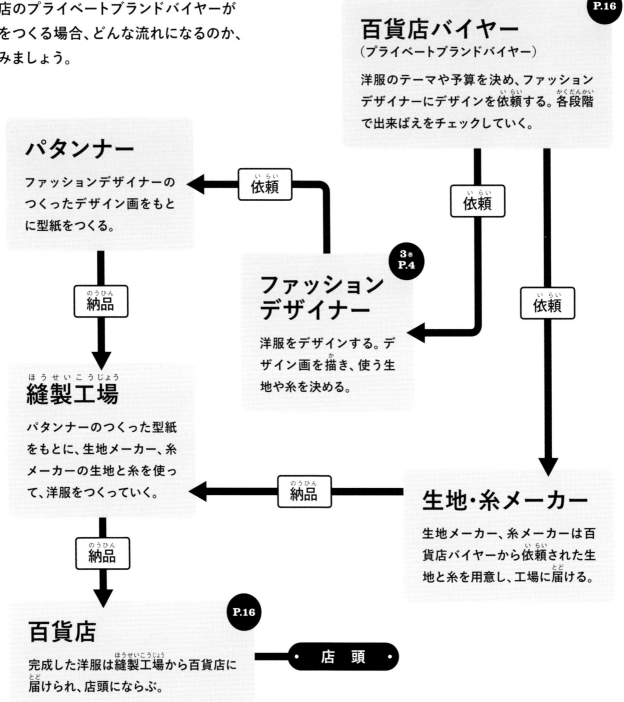

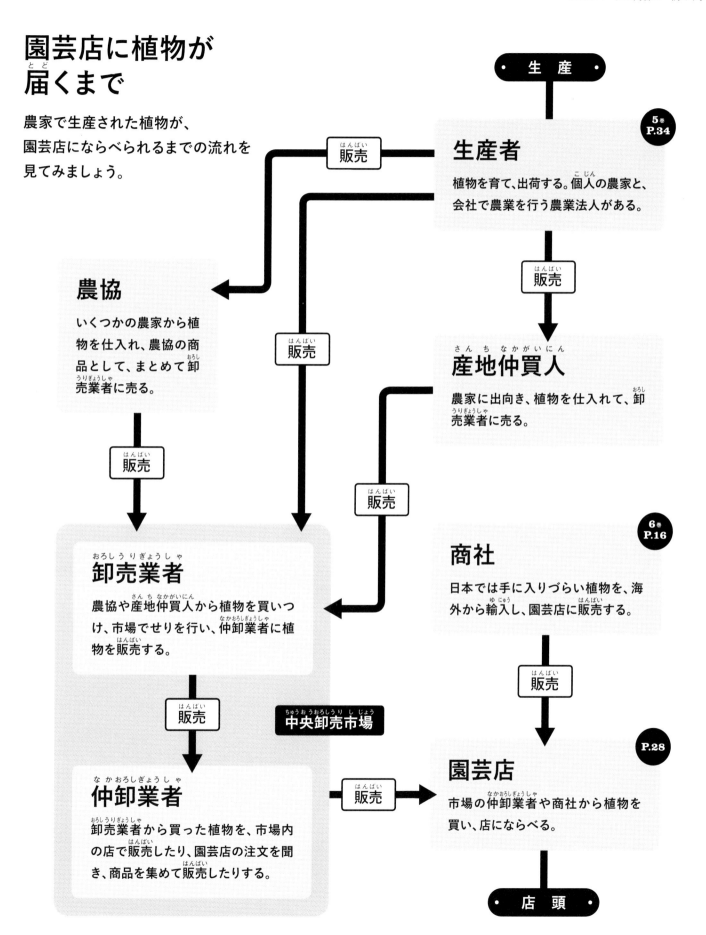

これからのキャリア教育に必要な視点 4

# 起業で未来を切りひらこう

## ▶ 大事なのは起業家スピリッツ

「ショップで働く」場合、今までは「雇われて働く」のが一般的でしたが、その常識が変わりつつあります。この本にはオンラインモールの運営の人が登場しますが、この人が担当するYahoo!ショッピングの場合、出店のための費用がとても安いのです。つまり、ショップの経営に、若い人でも気軽にチャレンジできる時代になったのです。だからこそ、これからのキャリア教育では、起業や経営のセンスを大事にする必要があります。

それを学校で教えることを「起業家教育」と言うのですが、この言葉を聞いて「またまた新しい教育が始まるの？とても対応できない」と思う先生もいることでしょう。しかし、起業家教育の目的は、生徒を起業家に育てることではありません。「起業家スピリッツ」を育てることです。

「近い将来、今の仕事の半分は人工知能やロボットにかわる」と言われる現在、生徒たちの「課題発見力、創造性、探究心、チャレンジ精神」を育てなくてはいけません。これが「起業家スピリッツ」なのです。

このことは近年言われはじめたことではありません。「総合的な学習の時間」のねらいは「自ら課題を見つけ、自ら考え、主体的に判断し、よりよく問題を解決する資質や能力を育てる」です。改めてよく見てみると、「総合的な学習の時間」のねらいと「起業家スピリッツを育てる」ことは、ほぼ同じであると言ってよいでしょう。ですから、先生たちも起業家教育という言葉に抵抗を感じずに、前向きにとらえていくべきだと思います。

## ▶「この店はなぜもうかるのか」を考える

起業家教育はすでにヨーロッパの多くの国で行われています。ベルギー、オランダ、イギリス、スウェーデンなどには、「ヤング・エンタープライズ」という教育プログラムがあります。これは、生徒たちが事業計画を立て、実際にその事業を行

### 起業家教育の実施率

経済産業省は、全国の公立、私立、国立の小中学校を対象に、起業家教育の取り組み状況を調査した。

■ 起業家教育を実施している　■ 起業家教育を実施していないが、検討中である　□ 起業家教育を実施しておらず、今後も実施しない

| | | | |
|---|---|---|---|
| 小学校 | 10.2% 15.7% | | 74.0% |
| 中学校 | 32.9% | 13.5% | 53.6% |
| 高校（参考） | 43.1% | 31.0% | 25.9% |

出典：『「生きる力」を育む起業家教育のススメ　小学校・中学校・高等学校における実践的な教育の導入例』経済産業省（2015年）

「ヤング・エンタープライズ」では、すぐれた事業計画を立てた生徒を支援するプログラムを行っている(左)。ほかにも、生徒が商品の企画制作から販売までを体験するプログラム(右)など、さまざまな取り組みが行われている。

うというものですが、コンテストに合格すれば、開業資金を出してもらえるそうです。

日本でも、生徒が模擬会社を設立・運営する授業を行っている中学校がありますが、まずは起業家や経営者の話を聞くことから始めてみてはいかがでしょうか。

わたしは中学校校長時代、地元の天気予報会社の社長に学校に来てもらい、生徒に話をしてもらったことがあります。生徒たちの意識は、最初「天気予報の情報でもうかるわけがない。そんなものはテレビや新聞、ネットで見られる」というものでした。しかし実際は、天気で客足が左右されるゴルフ場や弁当屋さんなどへ、必要としている天気予報をピンポイントで提供できれば、十分な収入が得られます。それを知って、生徒たちはおどろき、話が進むにつれて前のめりになっていきました。会社のもつ価値を多くの人に理解してもらえるように工夫して、世の中のために役立て、生計を立てている方の話を聞くことは、生徒たちにとっても教師たちにとっても意義深いことでした。

また、生徒にとって身近なお店を取りあげて、この店はなぜ人が集まるのだろうか、なぜ売れるのだろうかと、考えさせる授業もあります。例えば、ハンバーガーショップをどこに出店するのかを考えさせたり、1日の売り上げはいくらになるのかを計算させたりします。売り上げの計算に関する授業としては、東京都杉並区立和田中学校で一般企業出身の藤原和博校長(当時)が行ってきた「よのなか」科の授業が参考になると思います。藤原さんの取り組みは書籍にもなっています。ぜひ一度読んでみてください。

起業とは、自分の力で未来を切りひらくことです。好きな職場を選ぶだけではなく、自分でそれをつくることも可能であると、生徒には知ってほしいのです。また、生徒が夢や希望をもって生きていくためにも、起業という選択肢を増やすことには大きな意味があると思います。ビジネス界では起業に役立つ便利なサービスが次々に生まれてきます。キャリア教育で起業をあつかうときには、先生たちは世の中の動きを押さえておく必要があるでしょう。

**PROFILE**

玉置 崇 (たまおき たかし)

岐阜聖徳学園大学教育学部教授。
愛知県小牧市の小学校を皮切りに、愛知教育大学附属名古屋中学校や小牧市立小牧中学校管理職、愛知県教育委員会海部教育事務所所長、小牧中学校校長などを経て、2015年4月から現職。数学の授業名人として知られる一方、ICT活用の分野でも手腕を発揮し、小牧市の情報環境を整備するとともに、教育システムの開発にも関わる。
文部科学省「校務におけるICT活用促進事業」事業検討委員会座長をつとめる。

構成／林孝美

# さくいん

## あ

アクセサリー ……………………………………… 4, 5

アパレルショップ ……………… 6, 8, 10, 11, 13, 14, 15

アパレルショップ店長 ……………………… 10, 13, 14

アルバイト ………………………… 6, 8, 12, 20, 31, 37

イベント ………………………… 7, 23, 34, 37, 38, 39

インターネット ……… 6, 15, 23, 24, 25, 26, 27, 35, 37

WEBサービス………………………………… 25, 27

WEBサイト ………………………… 23, 25, 26, 27

WEBデザイナー ……………………………………… 26

売り上げ目標 …………………………………… 12

SNS……………………………………………………… 38

園芸高校 …………………………………… 30, 32, 33

園芸店店長 …………………………………… 28, 29

オンラインモール …………… 22, 23, 24, 25, 26, 27, 42

オンラインモール運営 ……………… 22, 23, 25, 26

## か

カメラ …………………………………………… 25

キャリアプラン …………………………………… 12

契約社員 …………………………………………… 37

コーディネート …………………………………… 18

コミュニケーション………… 6, 14, 15, 21, 26, 27, 30, 38

## さ

サービス ……………8, 9, 23, 24, 25, 26, 27, 30, 33, 43

在庫管理 …………………………………………… 11

雑貨店店長 ……………………………………… 4, 5, 7

色彩検定 …………………………………………… 13

システムエンジニア ……………………………… 26

就職活動 …………………………… 18, 25, 36, 38

職場体験 ………………… 9, 14, 15, 21, 27, 33, 38, 39

書店員 ……………………… 34, 35, 36, 37, 38, 39

進路教育 …………………………………………… 33

## た

正社員 …………………………………………… 31, 37

接客…………………… 5, 6, 7, 11, 12, 18, 38, 39

セレクトバイヤー …………………………… 17, 18

剪定 …………………………………………… 30

## た

チームプレー ……………………………………… 21

帳簿 ………………………………………………… 5

ディスプレイ ………………………… 5, 7, 9, 11

電子書籍 ……………………………………… 35

トークショー ……………………………………… 37

## な

ネットショップ ………………………… 22, 23, 25

## は

ハンドメイド ………………………………… 4, 5, 6, 7

販売員………………………………12, 13, 14, 19

百貨店(デパート) ………… 16, 18, 19, 20, 21, 40

百貨店バイヤー …………………………… 16, 40

ファッションデザイナー……………………… 17, 40

ファッション販売能力検定 ……………………… 13

ファッションブランド ……………………… 10, 12, 17

プライベートブランドバイヤー ………………… 17, 18, 40

フラワーアレンジメント …………………… 30, 32, 33

プランナー ……………………………………… 26

フリーマーケット …………………………………… 6

ブログ …………………………………… 5, 7, 9

プログラム …………………………………… 27, 43

縫製会社(縫製工場) ………………………… 17, 40

POP ………………………………………… 36, 39

## ま

マーケティング …………………………………… 7, 9

## わ

ワークショップ ………………………… 29, 31, 32

【取材協力】
ハンドメイドと雑貨のお店mini*　https://lit.link/mi3ni2/
株式会社ジーユー　https://www.gu-global.com/jp/ja/
株式会社三越伊勢丹ホールディングス　https://www.imhds.co.jp/
ヤフー株式会社　https://www.yahoo.co.jp/
株式会社プロトリーフ　https://www.protoleaf.co.jp/
株式会社紀伊國屋書店　https://www.kinokuniya.co.jp/
̶
荒川区立第三中学校
新宿区立四谷中学校
中村中学校

【解説】
玉置崇（岐阜聖徳学園大学教育学部教授）　p42-43

【装丁・本文デザイン】
アートディレクション／尾原史和・大鹿純平
デザイン／SOUP DESIGN

【撮影】
平井伸造

【執筆】
宮里夢子　p10-15、p22-27
中村結　p16-21、p28-33
林孝美　p42-43

【企画・編集】
西塔香絵・渡部のり子（小峰書店）
常松心平・安福容子・中根会美（オフィス303）

【協力】
加藤雪音
岡村虹
加藤梨子
若松志歩
柴田さな
相本乃杏

# キャリア教育に活きる!
# 仕事ファイル4
## ショップの仕事

2017年4月5日　第1刷発行
2021年12月10日　第5刷発行

編　著　小峰書店編集部
発行者　小峰広一郎
発行所　株式会社小峰書店
　　　　〒162-0066東京都新宿区市谷台町4-15
　　　　TEL 03-3357-3521　FAX 03-3357-1027
　　　　https://www.komineshoten.co.jp/
印　刷　株式会社精興社
製　本　株式会社松岳社

©Komineshoten
2017 Printed in Japan
NDC 366 44p 29×23cm
ISBN978-4-338-30904-2

乱丁・落丁本はお取り替えいたします。
本書の無断での複写（コピー）、上演、放送等の二次利用、翻案等は、著作権法上の例外を除き禁じられています。本書の電子データ化などの無断複製は著作権法上の例外を除き禁じられています。代行業者等の第三者による本書の電子的複製も認められておりません。

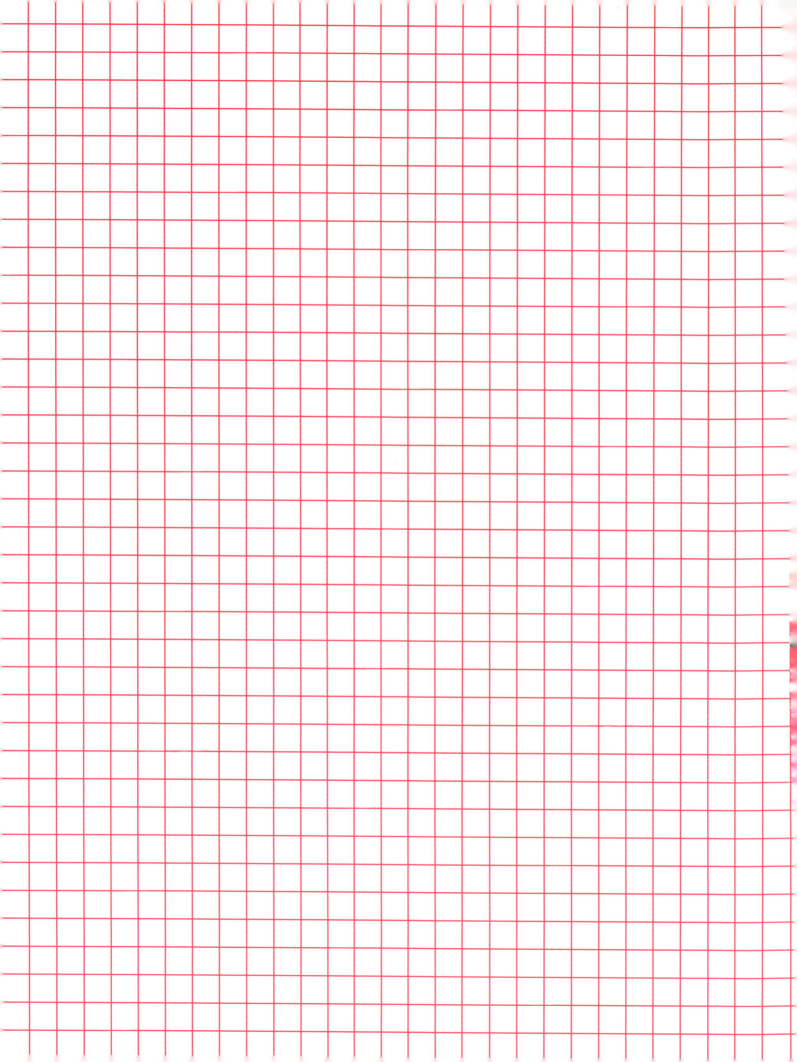